Andreas Knapp
ganz knapp

Andreas Knapp

ganz knapp

Gedichte
an der Schwelle
zu Gott

echter

Warnung
(Mt 12,36)

Nicht nur jedes unnütze Wort,
das gesprochen wurde,
müssen wir verantworten
am Tag des göttlichen Gerichts.
Auch jedes geschriebene.

1. grenzwertig

lost paradise

einst haben wir
den himmel
mit spöttischem lächeln
den spatzen überlassen

wollten uns
mit der erde begnügen
genüsslich ihre
früchte naschen

doch wir mutierten
zur schlange
flüsterten uns ein
wir seien gottgrenzenlos

nach der selbstvertreibung aus eden
die palmenstrände zugemüllt
die korallenriffe verblichen
die paradiesesvögel ausgerottet

ach könnten wir noch einmal
an den himmel glauben
in dem einer milde lächelnd
sich um den kleinsten sperling sorgt

kältetod

einst lebten wir
von gott umhüllt
in einem warmen mantel
doch dann wähnten wir
es sei eine zwangsjacke

wir haben ihn mit allen wassern
der religionskritik und aufklärung gewaschen
bis das gewebe
fadenscheinig wurde
zerschliss und zerriss

bloßes nacktsein aber
machte noch nicht frei
und vielerlei verkleidungen
bemänteln nur
die innere gänsehaut

wenn einsamkeit
wie eine kalte hand
eisig nach uns greift
ist da nichts und niemand mehr
uns zu wärmen

interessegeleiteter atheismus

sie meinen
gott sei ein despot

wollen ihn entthronen
und aus seinem himmel stürzen

wollen seinen platz einnehmen
und ihn beerben

weh uns
vor solchen revolutionären

götterdämmerung

kirchen geschlossen
kapellen umgewidmet
das allerheiligste entweiht
der altar geopfert
das ewige licht gelöscht
das göttliche ausgetrieben
aus unsrer mitte

dafür sprießen shopping malls
und banken aus dem boden
doch der neue gott des geldes
wird zur geißel
wir stürzen uns wie lemminge
ihm zum opfer
in den tödlichen abgrund

von ewigkeit zu ewigkeit

der mensch kommt
vom affen
der affe
von der amöbe
die amöbe
aus dem wasser
das wasser
aus den elementen
die elemente
aus dem urknall
der urknall von gott
und gott kommt
vom menschen
der mensch
vom affen
der affe
von der amöbe

woher aber kommt
dieser endlose kreislauf

lebenslauf

wir stammen
vom nichts
und stürzen
ins nichts

dazwischen
endlich leben

und unendlich viele
fragezeichen

fragelos

menschen fragen
nach dem sinn

quälende fragen
woher und wohin

endlose kinderfragen
nach dem warum

warum bin ich
nicht fraglos da
wie die blumen und vögel

warum
muss ich fragen
warum

tödlicher perfektionismus

warum
müh' ich mich
perfekt zu werden

denn perfekt meint
vergangenheit
für immer abgeschlossen

unvollkommen aber
unperfekt
bleibe ich lebendig

unendliches

die zeit zerrinnt
die sterne sterben
die sonne verglüht
die wüste wächst

nur der mensch
führt sich auf
als sei die welt
unbegrenzt

unendlich aber
nur sein hunger
und vielleicht
was ihm wirklich entspricht

todesanzeige

bei gott

ich will ihn
anzeigen
wegen raub
meines lebens

den tod

ecce homo

auf den ersten blick
ein untermensch
ein übermensch
ein unmensch

auf den zweiten blick
unter die haut
bis ins herz
ein mensch

sarg – innenansicht

die vier bretter
die das ende
meiner welt
bedeuten
ich kann mich drehen
und wenden
wie ich will
immer bleibt
ein brett vor dem kopf
wenn ich doch
noch einmal
anklopfen könnte
und eine stimme
antwortete

Heraus!

2. grenzen ans jenseits

wer steckt dahinter

wer schickt
das schicksal

wer fügt
die fügung

wer lässt zufallen
den zufall

wer lässt glücken
das glück

niemand

gottlob
gibt es niemand

gottesbeweis

wenn es doch
alles mögliche gibt

warum sollte es dann
nicht auch einen geben

der um alles
wirkliche weiß

höhere mathematik

das leben
eine schiefe ebene
unumkehrbar
zum tod

leben und tod
zwei parallelen
mit schnittpunkt
im unendlichen

die quadratur
des kreises
menschliche ecken und kanten
werden im göttlichen rund

hase und igel

der tod
hetzt dich zu tode

wohin du auch kommst
er ist schon da

wohin immer du rennst
er läuft dir voraus

ist der tod am ende
nur vorläufig

wo bleibt der mensch

zwischen den zeilen
des genetischen codes
uncodierbar
der mensch

hinter den zahlen
von konto und visacard
unvisualisierbar
der mensch

unter rouge und schminke
in den gesichtern
unsichtbar
der mensch

höher als der börsenkurs
von gold und schatzbrief
unschätzbar
der mensch

zwischenmenschlich

zwischen den leuten
leerraum
zwischen den stühlen
leerstand
zwischen den mühen
leerlauf
zwischen den büchern
leerstelle
zwischen den worten
leertaste
zwischen dir und mir
liebevoll

was wirklich nährt

beim reden zerredet
durch schreien verschrien
im sagen versagt

beim plappern verplappert
durch rufen verrufen
im krach verkracht

äußerungen veräußern
brüllen brüllt nieder
dröhnen dröhnt zu

stille
aber
kann stillen

das auge isst mit

womit auch immer
wir uns vollstopfen
brot oder braten
wir werden nimmer satt

am anblick der liebsten aber
an solcher augenweide
wir könnten uns
satt sehen für immer

überfülle

manchmal so beschenkt
dass mein herz mir
zu zerspringen droht

genau das
wäre auch
in seinem sinne

wahrtraum

wir stürzten uns
in die schöne utopie
unsre liebe
nähme kein ende
und mache uns
unsterblich

der tod jedoch
ist eine tatsache

ganz am ende aber
wird die utopie recht behalten

ewig leben

das geheimnis
das du mit
ins grab nimmst
bleibt gewahrt

aufs ganze
des lebens gesehen
ist man erst
im nachhinein schlauer

wenn sich die augen
für immer schließen
geht das herz
auf ewig auf

unsterblich verliebt

weil du mich
unendlich liebst
wage ich nicht
endlich zu sein

denn zu sterben
würde dich
zutiefst verletzen

und so lebe ich
ewig
für dich

3. dem göttlichen auf der spur

nachdenklich

wenn wir
über die welt
und ihre gesetze
nachdenken können

wer war dann
der vordenker

schöpfung

es gibt
die sonne

wer ist das
es
das uns
die sonne gibt

es gibt
mich

wer ist das
es
das mich
mir selber schenkt

ist am ende
es
vielleicht sogar ein
ich

göttliche diskretion

urknall mit kosmischen folgen
vom täter keine spur

was immer auch passiert
sein pseudonym heißt zufall

nirgends eine gedenktafel
für den sponsor der gnade

nicht einmal in der dna
des erfinders copyright

am kreuz auf allen golgothas
präsenz durch vermissen

und im leeren grab
spurlos anwesend

fehlanzeige

phantomschmerz
eines abgetrennten gliedes
vorgeburtlich schon

selbst nah bei dir
quält die schnittmenge
unsrer verlustängste

unstillbar der durst
nach einem wasser
jenseits aller meere

wer ist der ursprung
solchen hungers nach unendlichem
wenn nicht es selbst

vom autor freigegeben

abgenabelt von gott
dürfen wir leben
vom brot unsrer erde
von der glut unsrer sonne

entbunden von gott
zum eigenwillen
wir essen sein brot
brauchen sein lied nicht singen

gemündigt von gott
um frei zu werden
das brot zu brechen
auf gleicher augenhöhe

verlustanzeige

den einkaufszettel verloren
den wohnungsschlüssel
den personalausweis
den jugendfreund
die große liebe
das gedächtnis
das augenlicht
das gesicht
das leben

ich selbst
geh verloren
mitsamt den sonnen
und sternen

zeigt sich
am ende der himmel
als ein unermesslich
großes fundbüro

der ganz andere blick

wir finden
immer etwas zu meckern
das haar in der suppe
die verschwendung von öl
und ein unlauteres motiv
selbst beim größten heiligen

ER findet
immer etwas zu loben
auf dem kahlkopf zählt er das letzte haar
das öl wirkt als balsam
und ein funke guten willens glimmt
noch im größten verbrecher

erlösung

wir hängen
haften fest
am fliegenfänger
des klebrigen geldes

wer kennt
ein lösemittel
dass wir loskommen
vom falschen schein

abergeister

kein lob und keine freude
denen nicht der zweifel
auf den fuß folgte
im ja bangt schon das nein
stets stammeln wir
ja aber

wenn man gott nun fragte
ist es gut zu leben
und sinnvoll wahr zu handeln
wird deine liebe mir für immer gelten
seine antwort lautete
aber ja

todesstunde

gott klopft
bei dir an
zuinnerst
mit jedem herzton
sein pochen
bittet um einlass
in allen poren
des lebens
in jeglicher berührung
laut oder zart
und beim letzten pulsschlag
sag endlich
aus ganzem herzen
herein

pilgerwegweisung

lass karten und navi daheim
lerne fragen und vertrauen

bleib stets unterwegs
zwischen steinen und sternen

so lange du andern noch etwas nachträgst
gehst du noch nicht deinen eigenen weg

wandernd lebe nicht auf großem fuß
sondern von der hand in den mund

brich nicht deinen wanderstab
über deinen irrwegen

trag nicht zu schwer an dir selbst
mit einem ölzweig kann man fliegen

von ziel zu ziel
wird der weg dir wesentlicher

dein fernweh aber bleibt
dein treuer pilgerführer bis nach hause

der erfahrene pilger

vom wandern bewandert
lerne ich mehr und mehr
mich zu beschränken

mit zunehmendem kräfteschwund
schleppe ich immer weniger
mit mir herum

auf die letzte reise
gehe ich dann
splitternackt

karsamstag der wörter

wir reden reden
gegeneinander an
es tobt der streit
um die wörter

wir reden reden
aneinander vorbei
verstrickt in
endlosen diskussionen

ein wort nimmt
das andere
bis zum tod
des verstehens

lasst uns schweigen
drei tagesnächte lang
bis aus totenstille steht auf
ein lebensspendendes wort

seht da der mensch

hinter ziffern und zahlen
angst eine null zu sein
seht da
der mensch

hinter titel und tand
hunger nach liebe
seht da
der mensch

hinter maske und mode
vor scham versteckt
seht da
der mensch

vor speiern und spöttern
am kreuz entblößt
seht da
euer gott

4. gott-menschlicher diwan

geburtstag

nach der morgenröte
im mutterleib
das licht der welt

beim ersten schrei
ein lächelndes gesicht
und die erste kerze

mit jeder kerze
wird das leben dir
geheimnisvoller

beim erlöschen
der letzten kerze
beginnt ein morgen

doppelte staatsbürgerschaft

mit beiden beinen auf der erde
und aufblick zum himmel

bürger dieser welt
geborgen in der anderen

von geburt an eine steuernummer
seit ewigkeiten unverdient geliebt

biometrisches passbild
theometrisches gottebenbild

wahlrecht in leipzig
erwählt für das himmlische jerusalem

autorenexemplar

jeder mensch
ein kostbarer sonderdruck

limitiert und
handsigniert

vom schöpfer höchst
persönlich gewidmet

für dich
gratis

gebrauchsanweisung fürs gebet

wenn du beten willst
bring dich zum schweigen

keine höhenflüge der gedanken
tiefpflug ins innere erdreich

du brauchst den himmel nicht bestürmen
du rennst offene türen ein

du fürchtest gegen eine wand zu reden
doch die wände haben ohren

schütte dein herz ganz aus
leere wird fülle

heiligenschein

die wahren heiligen
leuchten unscheinbar

suchen nicht
den falschen schein

durch sie scheint
jedes licht

unwahrscheinlich
schön

heiliges land

der weiteste pilgerweg
in deines herzens binnenraum
durchleuchte deine gefühle
und passiere ohne kontrolle
in die angstbesetzten gebiete
um endlich frieden zu schließen
an deiner waffenstillstandsgrenze

kein ort auf einer karte
mit gps lokalisierbar
ist heiliger boden
gott spekuliert doch nicht
mit immobilien
ihm heilig ist einzig
der tempel in dir

hörsturz des höchsten

zu grell zu laut
das geschreie geläute
von muezzinen und mönchen

jetzt hört er
nur noch
unser schweigen

bildersturm

auf der mauer
aus grauem beton
die sich auftürmt zwischen
betlehem und jerusalem
leuchtet eine ikone
gottesmutter die mauern
zum einsturz bringt

dieses bittende bild
findet erhörung
wenn es mitsamt
der trennwand verschwindet

all unsere bilder
werden vollendet
wenn sie
durchschritten
durchblick geben
auf das jenseits

des höchsten niederkunft

nicht als wort
kam er zur welt
nicht als fixierter text
oder blutleeres buch

sondern fleischlich
schmerzempfindsam
in jede faser
eingeschriebene
sterblichkeit
ein einziger schrei
nach liebe

und sein testament
nichts schriftliches
hat er hinterlassen
nicht papieren
sein vermächtnis
sondern hingabe
mit fleisch und blut

hauptspeise

wir leben von
licht
luft
liebe

alles andere
ist
beilage

liebesgeschichte

das tägliche bad
in deinen koseworten
mein jungbrunnen

in der ekstase
unserer körper
das seelenheil

in der schnittmenge
des schmerzes
verstehenszuwachs

der schatz
gemeinsamer erinnerungen
unsere altersvorsorge

im schönen augenblick
ewiger beginn
der anschauung gottes

umkehr der beweislast

endlos zweifelnd
verlangte ich
von dir
einen liebesbeweis

bis mir endlich
beim blick in deine augen
unzweifelhaft aufging
du bist mein gottesbeweis

gottesliebe

wenn deine liebe zu gott
nicht durch das feuer
der heftigsten
menschlichen leidenschaften
getrieben wurde

blutleer bleibt sie
glutleer stirbt sie

aber im begehren eines körpers
in der ausgelassenheit des spiels
hingerissen von einem kinderlachen
aufgewühlt von schmerz und ekstase

wird das brennholz bereitet
für glühende liebe
gottmenschlich
in eins

sterbenswunsch

einschlafen
in deinen armen
weil ich weiß
ich werde wieder wach
in deinen armen
und erkenne gott
an deinem gesicht

5. biblische spurenelemente

kreativität

dem nichts abgerungen
das unermessliche all

der nacht abgetrotzt
das frührote licht

dem schweigen entrissen
das tröstende wort

dem tod entwunden
das göttliche leben

das logo gottes

in jedem sternenlicht
seine ausstrahlung

in allen elementen
seine spur

in sämtlichen regentropfen
sein wasserzeichen

in jeglicher zärtlichkeit
sein fingerabdruck

in einem mann aus nazaret
sein gesicht

unverwechselbare markenzeichen
seines logos

gottes ebenbild

wir sind ein gedanke gottes
der selber denken kann

ein wort gottes
das für sich selber sprechen darf

ein abbild gottes
das sich selbst zu malen vermag

ein wille gottes
der selber wollen will

eine leidenschaft gottes
die selber leiden muss

ein liebling gottes
der selbst zu lieben liebt

eden

als eva noch nackt war
unverschämt glücklich war sie
ohne marken und moden

und adam besitzlos
hatte alles
was er brauchte

nur die schlange
war nicht zufrieden
mit solcher anspruchslosigkeit

und die menschen
verloren das glück
der nackten schönheit

unter bäumen

unter einem paradiesesbaum
der apfel fiel zu weit vom stamm

unter einem feigenbaum
schamrot vor der nackten wahrheit

unter einer eiche
ein lachhaftes versprechen

unter der rizinusstaude
der ärger wurmt und frisst

unter einem ginsterstrauch
willkommen tod

über allen baumgrenzen
das gipfelkreuz

traumkarriere

ein gutes händchen und
schon wird der tellerwäscher
zum verwalter von millionen
steil steigt josef empor
auf der pyramide der macht

sein herz jedoch
verliert er nicht an sex and crime
aufrecht und gerade
geht er ins gefängnis
weiß sich gerecht vor seinem gott

und weil er nicht
an falschen götzen hängt
ist sein inneres so unverstellt
dass er die stimme gottes
selbst im schlaf noch deuten kann

dornbusch

in einsamer einöde
durst brennt nach dem du
droht mich zu verbrennen

erschöpft taumele ich
zwischen wahn und wirklichkeit
verliere meine schuhe

und träume barfuß
mit offenen augen von der
einen einen einen

rose feuerrot die blüte
doch dornen drohen
wehren jedem näher

nur wenn ich zulasse
dass liebe auch
verbrennen kann

werde ich zum
ich bin da
für dich

kohelet

wehwind
weh
was auch kommt
wieder vergeht
weh mir

gleichgültig dem
wind
weh und
wohl
der menschen

im windhauch
samenflug
im sturmbraus
sandkornhagel
leben und tod

wehwind
woher
windweh
wohin
weiß gott

was ist der mensch

ausgeburt von dreck und schlamm
fehlkopie der dna
irrläufer der evolution
größenwahnwuchs des gehirns
raubtier der raubtiere

das ist der mensch
ein wesen
das nur an sich denkt
und sich größer macht
als gott

was findest du
herr
eigentlich an ihm
dass du
an ihn denkst

zisterne oder quelle

wasserspeicher
voller angst
kontrolliert
das abgestandene
bald erschöpft

urquell
vertrauensvoll
sprudelnd
unfassbar
unerschöpflich

6. in der spurweite des evangeliums

korrektur eines namens

ich kann das nicht
so stehen lassen
sagte gott
erbleichend las er
das buch *joshua*

der schöne name
jawhe rettet
besudelt
durch gewalt
und blutvergießen

und gott sandte
einen andern jeshua
der gewalt verabscheut
der sein blut für andre gibt
jesus

Gottes Pläne

Plan A
Anfang der Welt
Adam und Eva
Alles war gut
Aber der Mensch

Plan B
Bau einer Arche
Bund von Noah bis Mose
Berg Sinai
Bruch der Gebote

Plan C
Christus

betlehem

ein stern
über einem stall

ein stern
in einer grotte

ein judenstern

sind so kleine füße

das kind von betlehem
im winzigen das wunder

nicht auf großem fuß
im kleinsten ein glanz

jedes menschenkind
ein fußweg zu gott

krippe und kreuz

arm geboren
nackt gestorben
dazwischen ein leben
für das reich gottes
in dem die armen selig sind
und der himmel sich öffnet
wenn man nackte bekleidet

krippe und kreuz
aus demselben holz geschnitzt
baumaterial dem zimmermann
für die große himmelsleiter

inkarnation

gott
bleibt nicht
blutleere idee

vielmehr
verkörperung
von liebe

und der mensch
ruft im blick
auf den nazarener

endlich ist gott
bein von meinem bein
und fleisch von meinem fleisch

schlafhöhlen

vielleicht war es eine grotte
in der du geboren wurdest
doch du musstest fliehen
vor dem drohenden kindstod

immer nur wandern
und nirgends ein nest
manche schmiegen sich an
doch an wen kannst du dich lehnen

endlich eine höhle
darin zu ruhen
und als kissen ein stein
doch nur für zwei nächte

göttlicher seitenwechsel

vom himmlischen thron
in einen futtertrog

statt in kultisch weißer weste
unrein bei den ausgesetzten

raus aus dem männerclub der patriarchen
der frauenfreund lässt sich berühren

der könig aus der andern welt
gekreuzigt wie ein sklave

aus der kalten gruft der toten
transit in ein grenzenloses land

geht mir nach

schuhgröße unbekannt
er ging barfuß

du musst dich nicht
in fremde stiefel zwängen

in seinen fußstapfen aber
leuchten göttliche spurenelemente

nur wenn du ihn von innen spürst
folgst du wirklich seinen spuren

sünde

gelähmt vor lauter angst
vor dem leben

das heilmittel jesu
sein standardrezept
trotz deiner furcht
wage zu leben

es gibt nur eine sünde
die nicht zu leben

schlagseiten

gott
hat sich auf die seite
des menschen geschlagen

jesus
dem schläger
die linke wange hingehalten

geist
überwindet den schlagbaum
an der grenze zum andern

frauenfragen

wenn eine frau
das WORT geboren hat
warum sollten frauen dann
das wort nicht von der kanzel künden

wenn eine frau
für ihr zuhören gelobt wird
warum sollten frauen dann
das gelernte nicht auch lehren

wenn eine frau
die füße jesu küsste
warum sollten frauen dann
den altar nicht küssen können

wenn eine frau
den leib christi salben konnte
warum sollten frauen dann
nicht zum salbungsdienst befähigt sein

wenn eine frau
jesu sinneswandlung durch ein brotwort
    wirkte
warum sollten frauen dann
bei der wandlung nicht das brotwort sprechen

wenn eine frau
von jesus krüge voller wein erbitten konnte
warum sollten frauen dann
über einen kelch mit wein nicht auch den
    segen beten

wenn eine frau
den jüngern als apostolin vorausging
warum sollten frauen dann
zur apostelnachfolge nicht auch gerufen sein

silberlinge

verraten und verkauft
es ist stets das gleiche
nur der preis variiert

sich auf andere verlassen
von anderen verlassen werden
so nah beieinander

einmal aber
wurde einer verkauft
dessen freundschaft zählt noch immer

kreuzweg

weg ohne ausweg
keine kreuzung mehr um abzubiegen

andere kreuzen auf
ohne und mit gefühl

kreuzschmerz vom tragen fremder last
bringt dich ins grab

doch die gruft wird zum drehkreuz
in ein lichteres land

simon wo bist du

der balken zu schwer
du wolltest ihm
doch helfen bis zuletzt

sie schreien und suchen
nach einem simon
in der gaffenden menge

packen einen
der auf dem heimweg war
der muss nun schleppen

er war der falsche
und hat doch
das einzig richtige getan

der letzte schrei

mein gott
mein gott
warum hast du
mich verlassen

doch selbst ihm
vor dem sonst
alle welt verstummt
hat es die sprache verschlagen

am kreuz
ist gott
gott
los

wunder des weizenkorns

sie hatten ihm nicht richtig zugehört
als er vom weizenkorn sprach

sonst hätten seine gegner
ihn nicht unter die erde gebracht

wo er keimen konnte und frucht bringen
dreißigfach und sechzigfach und hundertfach

osternachtstraum

ein schwarzer alptraum
vor dem unlösbaren
rätsel kreuz
wortlos

und schlaflos
die nacht ohne ende
kein wecker
der erlöst

doch dann
in der ferne ein feuer
du reibst dir
den tod aus den augen

du wirst erwartet
am anderen ufer
ein traum
von einem traum

zweierlei kohlenfeuer

petrus weint
am feuer der reue
was hab ich angerichtet

jesus lächelt
am feuer der freude
das frühstück ist angerichtet

doppeltes pfingstwunder

der heilige geist
kam auf sie herab

füllte ihren mund
und sie begannen zu reden

erfüllte ihr herz
und sie begannen zu schweigen

wiedergeburt

schwerer und schmerzlicher
als das gepresstwerden
aus dem mutterschoß

die zweite abnabelung
kein muttersöhnchen mehr
auch nicht papas liebling

neu geboren nach innen
als des göttlichen
geistes kind

und solcher freiheit
kind zu sein heißt
kein kind mehr sein

purgatorium

großes reinemachen
im haus meiner geschichte
klarsicht für die blinden flecken
durchblick auf verpasste chancen

und zur strafe
werden die gesetze
der anatomie
vorübergehend aufgehoben

so dass ich mir
nun selber gnadenlos
in den hintern
beißen kann

mit haut und haar

mit meiner haut
will ich auferstehen
und dem haar
dem längst ausgefallenen

denn liebe möchte spüren
bis in die haarspitzen
und das glück deiner nähe
will unter die haut gehen

das letzte gericht

kein justizpalast
vielmehr ein festsaal

keine vorladung
sondern tischkarten

anstelle eines anwalts
zahllose kellner

statt anklageschrift
eine menükarte

du wirst nicht abserviert
lebenslänglich

vielmehr es ist angerichtet
für das fest ohne ende

die letzte offenbarung

im tod
kein absturz
sondern aufgefangen

o ewig schöne überraschung
ich schaue gottes antlitz
im gesicht meiner geliebten

Inhalt

5. biblische spurenelemente

6. in der spurweite des evangeliums

Von Andreas Knapp sind im Echter Verlag ebenfalls erschienen:

Gedichtbände

Weiter als der Horizont
9. unveränd. Auflage 2019
ISBN 978-3-429-02506-9

Brennender als Feuer
9. Auflage 2019
ISBN 978-3-429-02624-0

Tiefer als das Meer
6. Auflage 2019
ISBN 978-3-429-02772-8

Gedichte auf Leben und Tod
5. Auflage 2019
ISBN 978-3-429-03039-1

Höher als der Himmel
4. Auflage 2019
ISBN 978-3-429-03295-1

Heller als Licht
4. Auflage 2019
ISBN 978-3-429-03736-9

Ausblicke ins Unendliche
Naturgedichte von
Andreas Knapp, mit Fotos
von Barbara Wolfers
ISBN 978-3-429-03571-6

Beim Anblick eines Grashalms
Naturgedichte
ISBN 978-3-429-04408-4

Weihnachten

Mit Engeln und Eseln
4. Auflage 2017
ISBN 978-3-429-03636-2

Hörbuch auf CD
ISBN 978-3-429-03738-3

Hörbuch – Download
ISBN 978-3-429-06205-7

Und er sucht Platz unter uns
von Trygve Skogrand
mit Texten von Andreas Knapp
ISBN 978-3-429-03770-3

dass ein licht geboren werde
Tischkalender
ISBN 978-3-429-03858-8

Ostern

Das Ende vom Ende
Geschichten gegen den Tod
ISBN 978-3-429-03918-9

echter verlag
www.echter.de

Andreas Knapp ist Priester und Poet.
Sein literarisches Schaffen wurde vielfach aus-
gezeichnet, u.a. mit dem Herbert-Haag-Preis
(2018), mit einer Goldmedaille des Indepen-
dent Publisher Awards (USA 2018) und einer
Silbermedaille des Benjamin Franklin Awards
(USA 2018).

Bibliografische Information der Deutschen Nationalbibliothek

Die Deutsche Nationalbibliothek verzeichnet diese Publikation
in der Deutschen Nationalbibliografie; detaillierte bibliografische
Daten sind im Internet über http://dnb.d-nb.de abrufbar.

© 2020 Echter Verlag GmbH, Würzburg
www.echter.de

Gestaltung: Crossmediabureau, Gerolzhofen
Druck und Bindung: CPI-books, Clausen & Bosse, Leck
ISBN 978-3-429-05477-9